Flügelschlag der Seele

Sehnsucht nach Liebe und Geborgenheit

Texte von Knud Eike Buchmann
zu den Bildern von Anselm Spring

Herder Freiburg · Basel · Wien

Schwanensee. Leda und der Schwan, König Ludwig – fast schwansüchtig – und Lohengrin. Verwunschene Prinzen, ein häßliches Entlein...
Die Gedankensammlung, die sich mit Vorstellungen um diesen großen, weißen Vogel füllt, ist reich an Mystik, Mythen und symbolischen Reizen. Und trotzdem – allzulange ging ich über die Lechbrücke, vorbei an den Schwänen in die Stadt: zur Bank, der täglichen Kontoauszüge wegen; ins Bürogeschäft, vielleicht um Büroklammern zu kaufen. Alltagsallerlei, das die Macht hat, einen Menschen ganz zu beschäftigen.
Natürlich, ab und zu könntest Du mich mit einer Plastiktüte voll alter Semmeln und hartem Brot sehen, um ‚sie' zu füttern, wie dies viele Bürger in Landsberg (oder wo auch immer es Schwäne gibt) tun. So nebenbei, beim Gang über die Brücke in die Stadt, wie gesagt.
Fast habgierig, immer futterneidisch stürzen ‚sie' sich aufs zerbrochene Brot, auf die zerbröselten Brötchen. Ohne Anmut, ohne Majestät. Territorialansprüche werden rücksichtslos verteidigt. Streitsüchtige, ältere Schwäne verjagen junge, noch braungefiederte. Große gegen Kleine, Starke gegen (noch) Schwache.
Den Rest des Tages verbringen sie mit Putzen. Und sonst? Schläfriges Anpaddeln gegen die sanfte Strömung des Flusses. In dieser Welt des Überlebenskampfes, des Lebens und des Lebenlassens ist auch das graziöse Spiel der schnäbelnden Paare fast jeder Romantik bar.
Aber warum nur mit diesen Augen sehen? Bleibt das Leben nicht ein wenig leer, verstünde man es nur über den aufs Diesseits gerichteten Verstand. Was hier ist, ist auch dort – und was dort ist, ist auch hier! (Tibetanisches Totenbuch)
Diesseits – Jenseits. Beides eine Realität? Manchmal scheint mir das Licht, das in den mächtigen Schwingen wogt, wie ein Mitbringsel aus der anderen Welt. Allzu schade, daß die Augenblicke vollkommener Harmonie, im makellosen Kleid purer Ästhetik nur für Bruchteile einer Sekunde währen. Gibt es nicht lichte Räume, in denen dies ewige Gegenwart ist? Wer ist es, der da mit singenden Schwingen im Zwielicht des Abends entschwindet? Verwunschene Prinzen. Gott in den Kleidern seiner Schöpfung. Und dann am Morgen kommen ‚sie' wieder – als Boten des Lichts, Sonne im Gefieder. Aber was ist ihre Botschaft?
Stammt sie aus jenem Buch, das, wollte man es auf Seiten niederschreiben, in keiner auch noch so großen vom Mensch gemachten Bibliothek Raum finden? Und selbst Bilder, von denen eines für tausend Worte stehen mag, sind doch oft nicht beredt genug, um die Geheimnisse der Schöpfung zu offenbaren. Die Bildsprache der Natur – grandios wie sie ist – läßt mich eher sprachlos, denn mit vielen Worten.

Anselm Spring

Einleitung

Menschen denken und fühlen. Wir sind in unseren Gedanken heute zugleich hier wie dort. Wir fürchten das Morgen und leiden noch am Gestern.
In der Enge unserer Pflichten stören vielfältige Einflüsse unsere Seelenruhe – und wir lassen uns durch immer kompliziertere, verwobenere Abläufe menschlichen Geschehens verwirren.
Die Welt scheint schwierig geworden zu sein. Unsere aufgeklärte Zeit glaubt nur das Nachweisbare: „harte“ Tatsachen, „kühle“ Vernunft, „klare“ Beweise... lassen den fühlenden Menschen fast zum Sonderling werden. Aber er ist nicht sonderbar: er ist in seiner Weisheit voller Wärme und Stärke, förmlich ein Bollwerk gegen die „kalte“ Vernunft!
Wir können unseren Verstand schärfen, unseren Körper trainieren, unsere Fertigkeiten entwickeln – und doch bleibt alles Flickwerk, wenn wir nicht zugleich unseren Wunsch, anderen Menschen nahezusein, leben. Wir leben zumeist nur dort mit uns im Einklang, wo wir uns auch von anderen Menschen geliebt erleben, ohne ihre Entwicklung zu beeinträchtigen.
Die vielfältige, verschwenderische Natur ist schöpferisch und verändert alles – und doch merken wir dies in der kurzen Zeit kaum. Betrachten wir den Jahreslauf, überblicken wir Dekaden, spüren wir den Wandel. – Wir stehen am Wasser und erleben Schwäne: Die weißen Vögel mögen die unterschiedlichsten Empfindungen auslösen – aber sie können jene Abläufe verdeutlichen, die Leben ausmachen: Bewegung und Ruhe, Wandlung und Verlust. Der Vogel ist ein Seelensymbol, in der Antike dem Gott Eros zugehörig, dieser stand für die höheren, seelisch-geistigen Anteile einer Liebesbeziehung zwischen Menschen.
Liegt es da nicht nahe, verknüpfende Gedanken zu Liebe und Freundschaft zu spüren, zu denken, zu hoffen...?
Mag sich der Leser ein Stück verfangen im ausgelegten Netz... Mag er sich im Nachsinnen befragen oder besser: soll er aus sich Gefühle entstehen lassen, die das Gelesene tief innen erweitern.

Knud Eike Buchmann

Liebe wandelt stets ihr Wesen und bleibt doch immer gleich. Wie das Leben sowohl in den Wurzeln ist, die tief unter den Fels reichen, als auch in der frisch keimenden Frühjahrssaat, im singenden Vogel genauso wie im vom Baum gefallenen Samen, ist die Liebe in allen Spielarten in allen Menschen.
Das Menschenbedürfnis, zu lieben und geliebt zu werden, bricht sich die merkwürdigsten Bahnen, wie eine zarte Pflanze zum Licht hin den Asphalt durchwächst. Auch die „kleine" Liebe hat etwas Einmaliges, Großes und Gewaltiges.
Sind wir nicht auch Suchende und zugleich Gebende, Schenkende? Unser seelisches Grundbedürfnis ist die Liebe. Was wir mit offenen Herzen zu geben bereit sind, werden wir empfangen.

Alles, was wir sind, sind wir in der Beziehung zum Du, weil alles Leben aus der Beziehung lebt.
Wenn wir allein sind, suchen wir. Sind wir mit anderen zusammen, trachten wir danach, nicht ausgeschlossen zu werden. Unsere Gefühle entstehen nicht zuletzt aus der Bewertung der gemeinsamen Erlebnisse und dessen, was sich zwischen uns ereignet. Wir machen das aus der Welt unserer Verbindungen, was in uns ist, was wir sind, was zwischen uns ist oder sein kann.
Leugnen wir das Niederträchtige, das Gemeine, das Böse, das Schwächliche zwischen uns! Streichen wir die Ideale, wenn wir sie nur anderen abverlangen.
Bei allem Nachdenken über Liebe: wenn wir sie sezieren, analysieren, beschreiben…, opfern wir ihr Wesen auf dem Altar des Intellekts. Der Gesunde sorgt sich wenig um seine Gesundheit, der Stille weiß selten um seine Stille, der Liebende kennt kaum seine Liebe. Der wirklich liebende Mensch *ist* liebend.

Da ist ein anderer Mensch. Da ist eine Blume. Da schwimmt ein Schwan mit seinen Jungen im Fluß… Aspekte von schönem Leben.
Wer glückliche Kinder hat, wird angesteckt – und nur zufriedene Eltern vermögen Glück zu verschenken: ein wechselseitiges Geben und Nehmen.
Wir können unseren Kindern keine Liebe verordnen: liebende, konsequente Zuwendung, dosierte Forderungen, angemessene Belastungen und hilfreiche Lehren befähigen den jungen Menschen, ein Liebender zu werden.
Jungen Menschen kann man angemessene Entwicklungsbedingungen anbieten oder schaffen, damit sie sich zu persönlichkeitsstarken und liebesfähigen Erwachsenen, zu Freunden entfalten können. Machen wir es ihnen zu leicht, erwerben sie keine Kräfte, die sie auch gegen den Strom schwimmen lassen. Andererseits werden Überforderungen das wichtige Selbstwertgefühl zerstören – wie eine Blume, die unter schweren Bedingungen möglicherweise nie zu einer vollen, schönen Blüte heranwächst.

Im Gleichklang des Flügelschlags unserer Seelen in Bewegung auf ein gemeinsames Ziel zu sein, das ist Glück. Auf dem Weg zum Ziel hin sind wir oft erlebensfähiger, als wenn wir angekommen sind. Ankommen ist schön, aber zusammen unterwegs zu sein ist schöner. Der Weg durch das kaum voraussehbare Leben in fröhlicher, freier Verbindung zu dem geliebten Wesen neben mir setzt Vertrauen voraus. Wortlos verstehen wir uns im engen Kontakt, der aus dem jahrelangen Kennen erwächst. Sensibel füreinander zu bleiben – oder es erst zu werden – ist Ziel unserer gemeinsamen Unternehmungen in die Umgebung unseres oft (zu) kleinen Lebensraumes... Wir erkennen einander besser in der Bewegung, denn sie sprengt die Alltagsroutine, weil wir liebgewordene Sicherheiten verlassen müssen.
In der empfindlichen Harmonie sich ergänzender Erlebnisfähigkeit, in der rücksichtsvollen Formung des Wesens neben mir, gestaltet sich die Beziehung zum belastbaren Fundament kommender Ereignisse. Im Glück zu wissen, daß es Unglück gibt, im Wohlsein um Nachtzeiten und das Leid zu wissen ist Lebensklugheit.
Du seltsam anderer Mensch neben mir: nutzen wir das Jetzt, wissend, daß es bald Erinnerung ist...

Der junge Mensch muß seine Kräfte – auch seine sozialen Bedürfnisse – im Spiel erproben. In der noch ungelenken Art sich mitzuteilen, gelingt gerade dem Geliebten gegenüber oft nur die übermütige Geste, die alles Zarte zu zerstören droht.
Sind wir nicht alle jung in der Schwierigkeit, das Schöne mitzuteilen, das hilflos Verliebte einzugestehen? Wir möchten nicht ohnmächtig sein, haben Angst, uns zu verlieren. Also „toben" wir laut herum, wenn wir uns nicht verstimmt zurückziehen, eventuell leiden oder nur warten...
In allem, was wir liebend tun, denken, fühlen und hoffen, leben wir durch den anderen Menschen, leben wir auf ihn hin. Durch ihn – so spürt es der sensible junge Mensch – werde ich erst ganz ich.
Die noch ungezügelten Spiele der Leiblichkeit sind getragen von dem noch nicht beherrschten Antrieb des seelenverwandelnden Eros, der in der Freude flügelschlagend aufbraust, im Leid lahm im Nu zerbrechen kann...
In jedem Tun oder Nichttun des geliebten anderen empfängt der junge Mensch Signale, die er in sich aufnimmt, die ihn entweder glücklich machen oder ihn verletzen können. Vor jedem Spiel der Körper kommt es zu einem faszinierenden Einklang der Seelen, den manche mehr schätzen mögen als den Partner, an dem sie sich immer wieder neu entflammen...

Macht sie traurig, ist es nicht die rechte Minne, singt ein mittelalterliches Lied über die Liebe.
Freundschaft und Liebe sollten nicht stolz, nicht überheblich, nicht mächtig, nicht rechthaberisch, nicht eifersüchtig machen.
Würde der verliebte Mensch nur seine Bezauberung genießen, er degradierte sich, den Liebenden und den „Prozeß dazwischen". Sich selbst zugewandt, alles auf sich ziehend, setzte er seine Wirkungsmacht lediglich ein, um sich zu spiegeln, nicht, um sich zu finden.
Oberflächlich betrachtet, nehmen wir nur unser Äußeres, nie das Wesentliche wahr.
Mag der unerfahrene Mensch mit seiner Art anzukommen spielen, kokettieren, blenden... ja, die Wirkung für das Wesentliche halten – der in seiner Liebe gereifte Mensch wird dankbar spüren, wie ein tragfähiges Gefühl, als wäre es eine Brücke, von ihm zum anderen Menschen wächst und belastbar wird.
Das ständige Aufeinanderzugehen ist eine unaufdringliche Flutbewegung vom Ich zum Du.

Sich darstellen, sich aufblähen, großmachen... ist die Sprache der jungen, noch ungeübten Liebe. Hier überwiegt noch das Hinwenden, das Hineinhorchen, das Schauen...
„Gewinne" ich den anderen für mich, gewinne ich ein Stück Vertrauen in mich selbst und erhalte damit das Fundament für das Vertrauen in andere.
Im Reifen müssen wir uns nicht immer wieder der Liebe derer, die wir lieben, versichern. Wichtiger ist, daß wir lieben. Aber der junge Mensch meint, ständig beweisen zu müssen, wie groß seine Liebe sei.
Der junge Mensch gewinnt erst nach und nach, wenn sein Bewegungsdrang nachläßt, jene Ruhe, die er benötigt, um sich selbst zu erkennen und lieben zu können.

In der Kälte, wenn es uns schlecht geht, suchen wir Nähe oft mehr als in der Einsamkeit. Geht es uns gut, sind wir uns häufig selbst genug und bringen menschliche Beziehungen zum Stillstand. Dabei brauchen wir nichts mehr als die wärmende Seelennähe der Menschen, die uns wichtig sind.

Lächelnd den Menschen neben mir zu begleiten – ein Stück weit – wird zur sinnvollen Aufgabe, weil das gemeinsame Leben eine nicht endende Aufgabe ist, solange man lebt.

Einander lächelnd auch in schweren Zeiten die Hand zu führen, heißt, Glück zu leben.

Gerade wenn wir an die Grenzen unserer Existenz stoßen, sollten wir uns besonders nah sein.

Das Schwere, Gewichtige gehorcht im zwischenmenschlichen Bereich anderen Gesetzen als in der Physik. Was immer auch hinabziehen mag, beflügelt, wenn es gelöst ist.
Wir können leicht einen Anlaß zum Streit finden; gelingt es uns aber, einen Konflikt von einer anderen Warte aus zu betrachten, sind wir bereits weit davon entfernt zu kämpfen, weil wir „über der Sache" stehen können.
Nähe benötigt Abstand. Enge schreit nach Weite. Wir leben in Gegensätzen und aus ihnen heraus. Nichts ist starr und hart, solange das weiche Leben uns aneinanderhält. Neben dem wolkenlosen Himmel steht auch die dunkle, dräuende Wolkenwand. In der Freundschaft und zwischen Liebenden ist es sinnvoll, wenn wir zuweilen den üblichen Austausch verändern, sozusagen vorübergehend das Kontrastprogramm wählen. Die Strenge des Arbeitsalltags muß auch der Freizügigkeit einer liebenden Beziehung weichen können.
Alle Bedürfnisse in uns wollen beachtet werden; ob wir sie alle erfüllen müssen, mag in Frage gestellt bleiben. Der Vogel singt im Baum, die Lerche jubiliert im Flug. Gänse und Schwäne rufen auf ihren Zügen – was ihre Stimmen bedeuten, wissen wir nicht genau. Aber wir bewundern ihren Flug und beneiden als Mensch ihre Leichtigkeit. Wir erleben uns ihnen gegenüber als unbeweglicher – aber wir haben ihnen etwas voraus: unsere fliegende Phantasie…
Sie gibt uns eine andere Freiheit.

Hat nicht alles irgendwo und irgendwie seine Entsprechung? Die Symmetrie des Lebendigen findet sich in allen Wesen. In der Sprache schaffen wir uns Entsprechungs-Bilder der Wirklichkeit. Vor allem aber sind wir auf drei Phänomene angewiesen: die Natur, Kunstwerke und Mitmenschen. Sie bringen das in uns zum Klingen, was wir in uns tragen, entwickeln und zulassen.
In der Größe der Natur, im Reichtum der Kunst, in der Tiefe des anderen Menschen finden wir Wesensmerkmale von uns wieder. Wenn wir uns einander zuwenden, lernen wir uns selbst kennen und – hoffentlich – lieben: weil wir für einen anderen Menschen wichtig sind, weil wir ihm eine Entsprechung sein können, weil wir selbst Zugewandtheit brauchen, weil wir Wärme und Nähe benötigen, um Kälte auszuhalten.

Was wäre ein Flügel allein? Kraftvoll tragen die Schwingen in fein aufeinander abgestimmten Bewegungen das Wesen oder das Wesentliche in die Weite der gesamten Welt.
In der Beziehung zueinander sind wir einander Flügel; für das Glück unserer Existenz müssen wir uns dieses Gemeinsamen bewußt sein.
Der Eros ist die ungeheure Kraft, die uns als zwei Flügel ein Wesen sein läßt. Im natürlichen Gleichklang unserer Seelen werden wir uns dessen nicht bewußt – jede Schädigung erleben wir aber sofort als einschränkende Störung.
Der Jubelflug unserer Seelen gelingt in der Übereinstimmung von bis dahin getrennten Wesen. Wir verzichten auf Macht oder Vorherrschaft, und doch: jede Schwinge schlägt für sich... wie beide Beine sich bewegen – aber ohne „Partner" scheint jede Bewegung, scheint jedes besondere Glück zerstört...
In der Verliebtheit gelingt uns vieles. Alles ist leicht. Aber: was tut man mit nur einem Flügel? Man träumt, erinnert sich, hofft, ist wehmütig... Ob wir nicht nur nichtgeflogener Zeit nachtrauern?

Farben fließen vom Betrachteten ins Auge und lösen Empfindungen aus. Es sind sowohl das Verschwenderische als auch die Kargheit, die uns staunen lassen. Im zugewandten Schauen werden wir eins mit dem Geschauten, dem Empfundenen: Bist Du ich, so bin ich Du.
Erst wenn wir uns selbst lieben, werden wir befähigt, den anderen auch als anderen zu lieben, zum Freund zu wünschen.
Im Nachsinnen über das Selbst, seine Kräfte und Ziele werden wir Menschen wohl immer wieder den anderen Menschen sehen: erst das „ozeanische Gefühl" des Einsseins mit allen anderen und mit diesem anderen Wesen gilt als Ausdruck der gereiften Liebe. Sie ist frei von Verlangen, aber getragen vom Bedürfnis des sich Herschenkens.
Verbunden im Fühlen und durchdrungen vom Sein mit der Welt, vom Wesen des geliebten anderen, ist Seligkeit.

Im Besinnen auf das, was mir wichtig ist, trete ich aus dem Schatten des Alltäglichen. Das Licht, in dem Liebende alles zu sehen vermögen, macht alles hell und farbig. Trotzdem müssen wir die Dinge oft „bei Licht" betrachten, Unklarheiten klären, selbst wenn es zu Enttäuschungen käme; denn diese sind fruchtbarer, als weiterhin Täuschungen im Halbdunkel aufzusitzen! Aber wir können wohl nicht immer alles „ganz genau" wissen.
Dort, wo wir die Verliebtheit in „nur alltägliche Zufriedenheit" verwandeln, wird sie zerstört werden. Aber muß man denn die Vielfarbigkeit des Lebens, vor allem des Liebens, in enge Regeln, in klar Definiertes, in umschrieben Kontrollierbares bringen?
Wo wir nicht allumfassend vertrauen, werden wir uns verlieren. Wo wir den anderen Menschen mit Zwang zu halten versuchen, wird er davongehen, wie die Schneeflocke, die ich fassen will, zerfließt.
Was wir für den Geliebten tun wollen, müssen wir auch für uns selber zu tun bereit sein. Mein eigenes Glück kann auch das Glück des Geliebten fördern.

Menschen anders sehen als üblich. Dinge geschehen lassen in ihrer Ursprünglichkeit. Einfach den Schwan über sich hinwegfliegen lassen – und staunen.
Wie wir zuweilen in unserer vertrauten Umgebung Merk-Würdiges entdecken, erleben wir bei Menschen aus einer anderen Schau das Besondere. Diese andere Sicht läßt uns ahnen, was wir in den Mitmenschen, den Freund... hineinsehen oder gar „herauslieben" könnten. Wir eröffnen uns neue Möglichkeiten, wenn wir selber offen sind für das Neue.
Sosehr wir durch den ersten Eindruck beeinflußt werden mögen, sosehr könnte diese Weichenstellung doch auch Zugangswege zueinander verschließen. Ist es nicht kopfschüttelndes Staunen, wenn ein anderer aus der Rolle, die wir ihm freundlich zugewiesen haben, heraustritt – und ist, wie wir ihn noch gar nicht wahrgenommen haben?
Neues aneinander zu entdecken ist auch ein bißchen Glück.
Sich verändern ist Wachstum, ist Leben.

Wir ziehen die Bahn, die uns vorbestimmt zu sein scheint. Oder ist die Richtung frei gewählt? Folgen wir allein unserem Wollen? Weniger als andere Lebewesen gehorchen Menschen einem Plan – und weniger als wir uns oft einreden mögen, entscheiden wir frei. Zusammen mit uns bedeutsamen Menschen wählen wir Wege, die uns augenblicklich oder auch auf Dauer Gutes verheißen. Wir wollen nicht allein sein. Wir suchen den Gefährten, den Lebensfreund, der uns begleitet.

Das Verstehen bedarf nicht vieler Worte. Das Miteinander-Schweigen-Können ist eine intensivere Form des Gleichklangs der Seelen. Es mündet ein in gelöste Harmonie gemeinsamer Begegnungen. Zwei Wesen nebeneinander scheinen jedoch eine Einheit sein zu wollen und zu können. In der Bewegung auf ein Ziel hin vertieft sich die Verbindung, die uns trägt. Durch das gemeinsame Erleben entsteht Zusammenhalt, aus dem Glücksempfindungen wachsen. Es geht uns gut, wenn wir unsere Nächsten mindestens so gut verstehen, wie wir selbst von ihnen angenommen werden möchten.

Mit dem Freund und Mitmenschen an meiner Seite traue ich mir mehr zu, vermag ich eher Erschütterungen auszuhalten, finde ich Verstehen im Zweifel und gewinne mehr Sicherheit. Am anderen, dem ich an- oder zugehöre, erlebe ich meine Unverwechselbarkeit. Durch ihn, im Spiegel seines Empfindens, gewinne ich mich selbst.

Die seelische Fülle eines aktiven Menschen an meiner Seite mag nur schwer zu ertragen sein. Auf der ewigen Suche nach dem wirklichen Leben jagt er lebenshungrig herum, fragt, lehrt, tut... Innerlich getrieben von jeder Herausforderung, die er sofort annimmt, kommt er nicht zum Innewerden oder zur Stille. Scheinbare Sicherheiten erarbeitend, häufen sich seine Probleme, da er keines ganz zu lösen vermag, weil er seine Kräfte nie einer Sache ganz widmet. Ständig wird Aktivität produziert, die zugleich Flucht vor dem Eigentlichen ist. Aber vor allem zerstört dieser Überaktive das sensible Zusammenspiel zwischen Menschen, welches nur in der gemeinsamen Stille zu gedeihen vermag.

Bin ich nicht selbst zuweilen dieser Ruhelose auf der Suche nach Ruhe? Suche ich an völlig falschen Stellen alles andere als Besinnung, obwohl ich es so zu nennen gewohnt bin?

Wenn wir uns im Gebirge verlaufen haben, bleiben wir stehen, suchen Orientierung. In der Verwirrung des täglichen emsigen Lebens sollten wir öfters innehalten, um den Überblick – neu – zu suchen.

Leben kann würdevoll geschehen. Aufmerksame, interessierte Gelassenheit ermöglicht uns, nicht alles und immer werten zu müssen. Sosehr wir betroffen sein mögen von den uns umgebenden Ereignissen, wir müssen nicht immer kommentieren, abwägen, entscheiden... Dort ist dort, und hier bin ich. Zuweilen unlösbare Verknüpfung – aber eben auch manches Mal Welten dazwischen. Aufmerksam und voller Anteilnahme können wir das Geschehen zulassen, ohne dabei Ohn-Machts-Empfindungen erleben zu müssen. Warum werten, bewerten wir so rasch? Können wir nicht einfach sagen: „Das ist anders..." anstatt: „Das ist schlecht, weil..."? Ich sehe zu. Ich sehe zu, daß mein Lebensraum nicht zerstört wird. Der Lebensbereich eines gesunden Individuums ist üblicherweise groß, ihn zu verteidigen kann unhöflich wirken.

Ein seelisch starker, unabhängiger Mensch weiß oft gar nicht, wie er sich bedroht fühlen sollte – und vielleicht ist es gerade diese Eigenschaft, die ihn für andere „bedrohlich" macht. In der Mitte seines Wesens ruhend, ist er sich seiner sicher und lebt in der „geschlossenen Offenheit" zu seiner Umwelt, ohne mit sich im Zwist zu sein. Diese Persönlichkeiten sind ihren Mitmenschen verbunden und zeigen in ihrem echten Fühlen und Handeln keine Überheblichkeit.

Könnten wir uns lösen und einen anderen Standpunkt gewinnen, so würden wir den Gefährten als Teil unserer Einheit sehen. Ein Freund, dem wir uns gern wieder zuwenden, weil wir durch ihn unsere gemeinsame Welt empfangen. Die Elemente unserer Zwischenmenschlichkeit bestehen aus Trennung *und* Bindung, aus Glück *und* Verzweiflung, aus Hilfestellung *und* Ohnmacht...

Wenn das Zusammenleben gut gelingt, wird zwischen uns und unseren jeweiligen Weggefährten eine neue Gemeinsamkeit entstehen, die nur uns zweien eigen ist. Hier bilden Teile von uns ein Ganzes – stets unterschiedlich groß, aber immer einzigartig. Wir vermögen durchaus, mit mehreren Menschen Beziehungen auf Zeit einzugehen – aber wir werden oft erst in der Rückschau wissen oder ahnen, welche einzig und bedeutsam wurden.

Wir brauchen in jeder Beziehung Freiräume. Eilen wir nicht immer wieder davon, um um so lieber zurückzukehren? Der Wunsch nach Freiheit für sich selbst heißt, ihn beim anderen zu respektieren. Was wir wechselweise zu Freiheiten erheben, müssen wir klären. Und sollten wir nicht daran denken, daß der andere seine „Freiheit" anders versteht als wir die unsere?

Einsamkeit. Die Furcht vor ihr zerstört vieles. In den wesentlichen Momenten unseres Lebens ertragen wir Glück und Leid letztlich allein. Welche Quelle des Wohlseins, wenn wir Freude und intensive Empfindung mit einem oder mit mehreren anderen Menschen teilen können! Aber welch gewaltiges Erleben meiner selbst, wenn ich in der Öde loslassen, wenn ich ohne andere mir selber standhalten kann.
In der Besinnung finde ich aus dem Erlebten, dem Momentanen und dem Erhofften den Zugang zum Wesentlichen. Wenn die Hoffnung die Angst besiegt, bleibe ich handlungsbereit. Gewinnt die Angst die Überhand, werde ich handeln müssen: in der Enge versuche ich alles, um Angst zu vermeiden, ihr zu entfliehen.
Der Schicksalsstrom des Lebens wird mich immer wieder auf mich selbst zurückwerfen. Ganz in der Begegnung mit mir kann ich Rückblick und Voraussicht üben...
Alleinsein ist Ruhen im Glück, wenn ich es selbst wähle. Es wird zum Leiden, wenn ich es gegen meinen Willen aushalten muß. Zeiten des Alleinseins kennt das Kind wie der Erwachsene. Erst die Erkenntnis, dazugehören zu wollen, führt zum immer wieder neuen Streben nach Nähe zu anderen. Trotzdem – Weggefährten verlassen mich, Kinder gehen ihren Weg – alle anderen scheinen wie durch Glaswände von mir getrennt.

Die Veränderlichkeit menschlicher Beziehungen wird uns deutlich, wenn wir Freunde wiedertreffen, die wir lange nicht gesehen haben. Gelingt es anfangs noch anzuknüpfen, wo man damals aufhörte, wird dies zunehmend schwieriger. Distanz schleicht sich ein...
Damals war mir dieser andere Mensch das Floß in stürmischer Zeit, war ich ihm vielleicht das sein Wesen überspannende Zelt in Freud und Leid... Äußere Umstände trieben uns auseinander. Gelegentliche Treffen, gemeinsame Ausflüge, Aktionen, Erlebnisse... gleichen im Jetzt nicht aus, was als Folge nicht gemeinsam verlebter Zeit zwischen uns steht. Erinnern. Rückschau. Wir sind uns ein Stück fremd geworden. Wir benötigen jedesmal mehr Zeit, um uns neu oder anders zu finden. Doch dann ist es wieder da: dieses Fundament für alles. Wir müssen nicht mehr vorsichtig, zurückhaltend, abwartend, beschützend... sein, alle Möglichkeiten erdenken oder berücksichtigen; spontan lassen wir uns tief in die alt-neue Beziehung fallen.
Es ist, als hätten wir schartig gewordene Steine wieder aneinander geglättet, als hätten wir Rost von Schraube und Mutter entfernt... Auch wenn dieser Prozeß jedesmal länger dauert, er ist möglich.
Breite die Flügel aus. Flieg. Ich fliege mit!

Im Wechsel geben wir uns, was wir sind. Verwoben im Hier und Dort entsteht im Unausgesprochenen das Wesentliche: das Nichtgesagte, das im Glück Empfundene wird zum Kraftfeld um die Liebenden.
Das Glas in einem Fenster ist unsichtbar, doch groß ist seine Aufgabe: Es läßt Licht hinein und hält die Kälte ab. Der Rahmen trägt das Wesentliche, was wir doch nicht sehen können.
Licht ist Kraft zwischen zwei Wesen. Glanz im Gegenlicht und verperlte Wassertropfen zwischen uns sind wie glückhafte Minuten aus der Fülle der Tage gelöst.

Seelenlicht.

Gemeinschaftslos ist heimatlos. So können wir nicht leben. Leben wir nicht viel zuviel nebeneinander her, statt beieinander zu sein? Von anderen gelenkt, achten wir darauf, was der andere tut, was er hat, sagt, empfindet...
Wird nicht jeder, der nicht aus sich selbst heraus auf seine Gruppe oder Familie hinlebt, verführt von Äußerlichkeiten zu einem Ziel, das nicht seines sein muß oder kann?
„Gebündelte“ Menschen, in Kameraderie und Ideologie unauflöslich verkleistert, sind weder freie Einzelwesen noch eine wachsende, offene Gemeinschaft, die bereichernde Begegnung ermöglicht. Gelingt es in unseren unterschiedlichsten Lebenssystemen nicht mehr, uns wechselseitig zu erleben und zu bewegen, marschieren wir im Gleichschritt, werden die Sensiblen depressiv, die Schwachen ohnmächtiger, die Zweifelnden irre... Es wäre der seelische Tod!
Gemeinschaft ist der stets wachsende Prozeß einer Vielheit von Menschen, die einander etwas bedeuten und denen es nur um einen gemeinsamen Lebensgewinn, nicht zu Lasten anderer, geht. Jeder fördert durch seine Wurzeln das Wachstum des Gemeinschaftsbaumes.
Andere sind nur anders, nicht besser, nicht schlechter!

Suchen wir nicht immer auch beim „Umweg" über das Du uns selber? Versuchen wir nicht, im Geliebten aufzugehen, um uns erst zu verlieren – und schließlich doch selbst zu finden? Müssen wir nicht durch den anderen die Flamme zum Leben in uns entzünden? Ist nicht das gemeinsame Atemholen in unserer einen gemeinsamen Welt jene Stille, aus der so vieles wächst?
Brauchen wir nicht den Schatten, um das Licht zu schätzen? Sind wir nicht stets auf das Gegenüber angewiesen, um uns selbst zu begegnen? Können wir nicht nur aus der Stille die tiefe Melodie des anderen Menschen, ja, aller Dinge vernehmen? Erkennen wir nicht erst im Gegenlicht oft das Wesentliche?
Unsere Fragen an die Welt sind ebenso Fragen an uns selbst.

Alles Große ist im Kleinen. Wie die täglichen Nadelstiche des Streitens nur eine elende Aneinanderreihung von kleinen Demütigungen darstellen, setzt sich die Großartigkeit eines Organismus aus funktionierenden Einzelelementen zusammen.
Liebe ist das Kleine. Wir sehen Teile vom Ganzen und schaffen damit Nähe und Abstand zugleich. Im Abstand gewinne ich mir ein Ab-Bild, das ich nicht bin. In der Nähe spüre ich das Beobachtete als Teil von mir selbst: Ich bin, was ich sehe und erlebe, was ich wahr-nehme als Echo in mir.
Steht nicht die Nuance in ihrer Kleinheit stellvertretend für alles Leben? Wird so nicht jedes alltägliche Zusammentreffen mit den Gedanken eines Menschen zur Begegnung mit ihm selbst? Und bin ich nicht im Herzen, im Sinn, in den Gefühlen des Geliebten – wie er bei mir – beheimatet?
Jedes Detail wird ein Abbild der ganzen Wirklichkeit – und in diese bin ich völlig verwoben.

Der Ruf unserer Seele ohne ein Echo vom Du ist schmerzlich, weckt unsere Sehnsucht. Musik läßt sie spüren, wenn sie in uns ist, auch die Gedanken des Dichters. Erinnerungen und Hoffnungen, Wünschen ohne Ziel und inneres Nicht-Aushalten-Wollen sind ihre Kennzeichen.
In schmerzlicher Sehnsucht nach den jetzt unerreichbar scheinenden Menschen sind wir zu besonderem Denken und Fühlen befähigt. Das liebende Verlangen ist wie eine „Sucht", signalisiert es doch Abhängigkeit: In unserer Sehnsucht wird uns ohne unser erhofftes Du oft die Zeit zu lang.
Im Fühlen sind wir ganz beim Gewünschten, oft weit entfernt vom lückenhaften Jetzt. Wir verlieren im Sehnen die Bezüge zur wirklichen Zeit – erleben uns sogar wie Kranke: die Gedanken laufen uns davon, nehmen alle Aufmerksamkeit und lähmen unser Tun.

Selten werden in der persönlichen Begegnung mehr Mißverständnisse gebildet als dort, wo Generationen aufeinandertreffen. Gefühlsstärke ersetzt hier oft die Gefühlstiefe…
Wir betrachten einander und sehen die Unterschiede, das jeweils andere. Sollten wir nicht auch die uns verbindende Vergangenheit und Gegenwart annehmen? Dankbar lächelnd blicken wir zurück und hoffend lächelnd schauen wir auf die uns vielleicht mögliche Zukunft. Bei allem aber erkennen wir uns selbst! Nur für uns können wir fühlen, sprechen und auch lernen. Und wir dürfen uns mit-teilen, aufeinander zu entwickeln.
Alle Beziehungen, die wirklich leben werden oder für uns Bedeutung haben, ent-wickeln sich langsam, wohl aber unaufhaltsam ständig weiter. Wir sind Werdende.

Nichts ist menschlicher als das Zweifeln, und nichts ist wichtiger, als die Ursachen des Zweifels zu Ende zu denken. Oder müssen wir Zweifel einfach nur aushalten? Der Zweifel ist die verschlossene Tür, an der wir vorbeischleichen oder durch deren Schlüsselloch wir vielleicht heimlich sehen möchten.
Ist der Zweifel bei der wissenschaftlichen und kriminalistischen Arbeit immer nötig, darf er in einer guten Beziehung liebender Menschen keinen Bestand haben. „Verschlossene Türen“ werden mir aufgetan, auch ohne mein Verlangen!
Die Grenzen jeder Ungewißheit oder jeden Zweifels setzen Zuneigung und Vertrauen: all das ist wahr, von dem der liebende Mensch überzeugt ist. Es gibt vorübergehende, „vernünftige“ Wahrheiten – und es gibt eine Liebe, die über jeden Verdacht erhaben ist. Jeder Zweifel wäre dann nur der Beweis, Zweifeln nicht widerstehen zu können.

In der Ruhe des „so ist es jetzt – und schön" unterscheidet sich der Liebende von dem Suchenden, dem stets das „es soll endlich so werden...!" vorschwebt.
Im Schweigen miteinander sind wir – wenn wir uns verstehen – einander sicher. Nichts ist leer im Ruhen, nichts und alles kann zwischen uns sein.
In dieser Form des Liebens geben wir das Für-uns-selber-Sein auf; es geschieht uns Menschen nur selten, da wir es oft zwar wollen, aber nicht geschehen lassen.

Auch das Verlorene ist noch Wirklichkeit. Aber in unserem Fühlen und Denken kann der Mensch jede Wirklichkeit verändern, gestalten und verwandeln. Die Wirklichkeit ist *unsere* eigenständige, widersprüchliche Wirklichkeit – und auf alle Fragen an unser Menschenleben erhalten wir gleichnishafte Antworten.
Ein Vogel hat eine Feder verloren. Einem Menschen ist etwas Wertvolles genommen. Dein Schmerz bricht in meine Ruhe, und meine Angst mag Dein Hoffen zerstören. Das alles sind Wirklichkeiten.
In der Wandlung der Zeit lernen wir die Endlichkeit kennen. Jeder Verlust sollte das Herz warm werden lassen für die Tage, die wir noch mit anderen „teilen“ dürfen…

Knud Eike Buchmann arbeitet als Psychotherapeut und lehrt als Dozent für Psychologie an einer Fachhochschule. Zunehmend „verdichtet" er in seinen Texten das Spektrum der menschlichen Erlebensweisen. Er ist Autor mehrerer kleiner Bücher zur Thematik der seelischen Gesundheit.

Anselm Spring – 1943 in Landsberg am Lech geboren – war ursprünglich fest entschlossen, sich der Musik und Malerei zu widmen. Im Laufe der letzten Jahre sind zwar zwei Langspielplatten erschienen – einen Namen hat er sich jedoch als Fotograf gemacht. Der Weg dorthin führte über journalistische Fotografie, über Mode und Werbung. Gedrängt von tiefen geistigen Erfahrungen, hat er sich dann engagierter Fotografie zugewandt: GEO, der STERN, NATUR, in besonderem Maße das FAZ-Magazin und viele andere, auch internationale Zeitschriften ermöglichen ihm dies.
Seine musikalisch-künstlerische Neigung erfüllt er sich in den audiovisuellen Medien: Tonbildschauen aus seiner Hand wurden im Fernsehen gezeigt. Besonders am Herzen aber liegen Anselm Spring Bücher – mit dem Verlag Herder sind eine ganze Reihe interessanter Werke geplant. Seinen ganz persönlichen Anliegen konnte er erstmals in dem vielbeachteten Bildband BABYLON/USA, erschienen in der Edition Braus, Heidelberg, Ausdruck geben.

Reproduktionen: H. u. H. Schaufler, Freiburg
Herstellung: Freiburger Graphische Betriebe 1985
ISBN 3-451-20510-6